RECITS

HISTORIQUES.

RÉCITS

HISTORIQUES.

A PARIS,

DE L'IMPRIMERIE DE CRAPELET,

RUE DE VAUGIRARD, N° 9.

1826.

VINGT ET UN JANVIER.

1821

Il y a vingt-huit ans aujourd'hui, un homme mourut en France : cet homme avait eu longtemps dans les mains les destinées de beaucoup d'autres, et il ne leur avait jamais fait que du bien. Il n'avait jamais ordonné la mort de personne; et pendant sept années on célébra par des fêtes et avec des cris de joie l'anniversaire du jour où était tombée sa tête. Les remords étaient venus cependant, et le temps de ces grandes expiations, auxquelles n'échappent jamais les peuples, était arrivé. Une autre année ramena cette pompe solennelle du repentir et de la douleur. L'église paroissiale de la monarchie se rouvrit une fois de plus; l'église fondée par Dagobert, honorée par Charlemagne, l'église où Saint-Louis vint chercher l'oriflamme, où chaque Roi doit, au sortir des solennités de Reims, venir sans couronne, descendre seul, et, parmi tant de tombes, chercher ce qui reste de la royauté, de la gloire et du monde.

Sous la nef principale, un mausolée s'élevait, couvert d'un manteau de velours et d'or : aucune urne, aucun emblème ne le surmontait; mais du haut des voûtes on voyait pendre au-dessus de ce mausolée une longue couronne enveloppée de crêpes de deuil, comme si ces voiles eussent dû rappeler tout ce qu'avait souffert l'innocent, comme si la couronne, redescendue de cette hauteur, ne pouvait venir que du ciel. A la droite du mausolée, des magistrats en robe rouge, qui venaient attester qu'on avait violé les lois; à gauche, des guerriers qui priaient pour celui qu'ils n'avaient pu défendre; derrière eux, des députés du peuple, quelques enfans, quelques vieillards qui protestaient contre un crime auquel ni le peuple d'alors ni la génération d'aujourd'hui n'avaient eu part. Quatre hérauts d'armes s'approchèrent : le plus ancien d'entre eux portait sur un oreiller de drap d'or un trésor que recouvrait un voile noir : il le déposa devant le mausolée.

Ce n'était pas le saint livre des Évangiles, car déjà le diacre présentait ce livre à l'autel; ce n'était pas un sceptre, car le sceptre était aux murs de Paris, dans des mains faites pour en accepter l'héritage. Était-ce donc le présent que l'abbé de Saint-Denis devait aux Rois de France lorsqu'ils entraient dans l'église? Était-ce l'offrande faite par les Rois sur l'autel de l'apôtre de la France?

Cependant l'église était remplie d'une foule empressée et silencieuse. Les derniers parens de celui qui n'était plus étaient venus s'asseoir au pied d'un des grands piliers de la nef : c'étaient deux gentilshommes couverts d'habits simples, simples dans leur bonté, simples dans leur douleur : au-dessus d'eux, devant une tribune sans apparence, un voile était suspendu. Là aussi il y avait de la bonté, de la douleur; mais là il y avait trop de larmes pour qu'il fût permis de les voir couler; car il y a des larmes qui veulent le secret comme le silence.

Un vieux prêtre, choisi parmi ceux pour qui ce jour était rempli de souvenirs, monta lentement à l'autel; les jeunes soldats qui gardaient l'enceinte, s'agenouillèrent; l'airain des clochers frappa les airs de ses lentes volées; l'office commença.

Tout priait dans cette église, tout attestait le repentir, et nul de ceux qui priaient n'avait participé au crime : les vieillards qui l'avaient déploré dans l'exil; les guerriers qui eussent voulu le racheter à force de victoires; ces ambassadeurs qui venaient au nom de l'Europe attester de nouveau son impuissance et sa douleur; ces enfans qui, les mains étendues, semblaient offrir au Seigneur leur innocence pour obtenir le pardon de ceux qui avaient été coupables; ces femmes, ces vieillards, ces soldats, ce cortége ordinaire des Rois dans leurs jours de gloire, tout cela s'humiliait ensemble devant un seul souvenir. On avait vu jadis, cachée dans le palais du chef de la religion, une médaille que les princes étrangers avaient consacrée à ce terrible anniversaire [1]. C'étaient alors des jours de deuil et de crainte; on redoutait même d'avoir pleuré, même d'avoir souffert : mais le ciel, depuis lors, nous avait pardonnés, car il nous avait permis le repentir et la prière. Il semblait que cette pieuse cérémonie acquit-

[1] Cette médaille était à Rome, dans le cabinet particulier du pape Pie VII.

tât aujourd'hui le vœu du Pontife et la douleur des Rois.

Cependant, du fond des nefs intérieures, derrière l'autel, hors de nos regards, les voix s'élevaient vers le ciel. Soit puissance des chants religieux, soit prestige des souvenirs, on eût cru entendre les voix confuses, les cris tumultueux, les élans de douleur, les accens de prière qui, trente années auparavant, avaient dû monter en désordre vers le trône éternel; et peut-être, à ce trouble, à ces cris pressés ou suspendus, cherchait-on encore s'il ne restait aucune espérance. Un coup terrible se fit entendre; c'était celui qui rappelait l'instrument de mort. Les assistans se jetèrent à genoux; le prêtre se prosterna devant l'autel : on eût dit que, du fond de leurs tombeaux si longtemps profanés, Saint-Louis au cœur pieux, Louis XII le père du peuple, Henri qui fut le bon Henri, et tous les Rois qui avaient aimé la France, s'élevaient étonnés, et venaient demander à la France ce qu'elle avait fait de ses Rois.

Alors un autre prêtre descendit à pas lents les degrés de l'autel; un soldat des gardes royales accompagnait ses pas; un héraut d'armes le suivait.

Le plus ancien des hérauts d'armes au titre de France se baissa devant le mausolée, et reprit le coussin de velours et d'or qu'il y avait déposé; il enleva le voile qui le couvrait, il le présenta d'une main tremblante : le ministre du Seigneur le reçut en inclinant la tête. Les hérauts aux titres de Guienne, de Normandie, de Bretagne, l'accompagnèrent; il monta dans la chaire sacrée, et il lut : Testament de Louis XVI, Roi de France et de Navarre.

A mesure qu'il lisait, vous eussiez vu tous ceux qui l'écoutaient pleurer, prier et bénir : les prêtres apprenaient comment on pardonne, les guerriers comment on meurt, le peuple comment on est Roi, et trois des assistans promettaient au Dieu très haut d'accomplir ce testament de clémence. Ces trois assistans étaient le gendre, le frère et la fille de la victime.

Quand nous sortîmes de l'église, les restes d'une autre cérémonie, les débris d'un autre mausolée frappèrent nos yeux : ils avaient certainement frappé ceux du frère de Louis XVI;

mais le frère de Louis XVI a conservé la clémence de tous ceux qu'il a perdus. Sa force est là-haut comme sa récompense. Il aura peut-être assez à offrir au Dieu qui fut père et qui donna son fils.

BAPTÊME

DE

Mgr LE DUC DE BORDEAUX.

1er mai 1821.

Il est cinq heures : la nouvelle alliance est consommée ; le Ciel, qui nous avait donné encore un Français de plus, vient d'en faire un chrétien. L'enfant en qui seront toutes nos espérances, était venu, conduit par ceux qui l'ont précédé dans la vie, chercher aux pieds des autels l'appui qui est toujours offert, l'appui que Dieu accorde également à ceux qui sont destinés à la grandeur et à ceux que doit protéger leur misère. Notre-Dame avait été choisie pour cette cérémonie auguste : là des peuples grossiers adoraient jadis, au milieu des bois et des marais, la divinité fabuleuse dont la puissance résidait dans l'enfant présenté à l'adoration des païens [1] ; là, et quand

[1] Isis; le temple d'Isis paraît avoir été placé au même lieu que Notre-Dame.

notre France s'éclaira des lumières de la foi, était invoquée de temps immémorial la Vierge sainte qui découvre aux chrétiens l'Enfant-Dieu sorti de son sein; là une mère jeune, et long-temps courbée sous le poids de la douleur, venait offrir un enfant encore à l'amour et à l'espérance d'un grand peuple. La faiblesse et l'enfance, qui appellent le respect, qui font entrevoir l'avenir! voilà ce que les murs de Notre-Dame allaient montrer une fois de plus aux fidèles agenouillés dans son enceinte.

D'immenses préparatifs avaient dès long-temps donné à ce saint asile toute la splendeur des fêtes. Au-devant de l'église, un porche gothique s'alliait à la façade trois fois rebâtie de cet antique monument; l'image du vainqueur de Taillebourg et de Rosette, celle du grand Henri, l'image de Charles-le-Grand, celle du premier de nos Rois chrétiens, s'élevaient au pourtour de la galerie, comme pour rappeler au peuple assemblé devant les portiques tout ce que doit la France à cette race auguste de Rois qui, sous trois noms, a, depuis quinze siècles, construit et ennobli le trône. Sur les retours, le long des piliers et des frises, étaient placés les écussons de nos départemens; tous s'y trouvaient rangés près l'un de l'autre; véritables votifs, boucliers appendus aux portes du temple pour unir dans la même cérémonie ceux qui, le même jour et à la même heure, s'unissaient, sur toutes les parties du royaume, dans les mêmes vœux et le même amour : peuple rassemblé autrefois par la victoire, aujourd'hui par les bienfaits, et que, du haut de la façade noircie, semblaient protéger naguère les vingt-huit Rois dont la piété de leurs successeurs avait consacré les images[1]. De ce portique extérieur on découvrait l'église dans sa magnificence : des toiles d'or couvraient les colonnes de pierre; des guirlandes de fleurs se courbaient le long des ogives, des tentures de soie et d'argent tombaient du haut des voûtes, et des lampes de cristal et de bronze mêlaient les reflets de leur lumière au jour coloré des vitraux, qui attestent encore la richesse des arts au siècle

[1] La frise de la façade portait les statues en demi-relief de vingt-huit Rois de France que Philippe-Auguste y avait fait placer vers 1190.

de Saint-Louis et de Philippe-Auguste. Au milieu de la croix, dans le centre de l'église, sous un arcade aux pilastres de lapis et d'or, les fonts baptismaux étaient disposés; au milieu de la croix aussi, et dans le centre de l'église, s'ouvre, à Saint-Denis, l'entrée de la sépulture où, quinze mois passés, était descendu celui en qui était alors notre espoir; mais le marbre n'avait pas tout enfermé dans cette redoutable enceinte, et les Rois qui sont revenus aux murs de Saint-Denis chercher leur demeure avaient obtenu grâce pour la France : c'est en leur nom peut-être, c'est peut-être à leurs prières que le Très-Haut avait permis la fête dans son église, l'espérance dans le royaume et, les chants de joie, là où avaient coulé tant de larmes de douleur.

A la droite des fonts baptismaux paraissaient les Pairs du royaume. Les Députés des départemens étaient placés à gauche. Dans la nef, dans les tribunes, derrière les colonnes, autour des piliers, une foule immense se pressait, remplie d'impatience et de bonheur : c'étaient des vieillards qui avaient entendu leurs pères parler du jeune roi Louis XV, seul et faible héritier de la royale famille de Louis-le-Grand, mais destiné à être le père d'une famille nouvelle; c'étaient des guerriers qui, à l'aspect de drapeaux, se sentaient fiers de leur ancienne gloire; c'étaient des épouses qui avaient pleuré avec la veuve, et qui souriaient avec la mère; c'étaient les députations chargées d'aller dire aux villes et aux provinces : Nous avons vu notre Henri; notre Henri s'élève et vit pour nous.

A midi, des salves d'artillerie annoncèrent que le Roi venait de sortir des Tuileries; à une heure, elles annoncèrent son arrivée à la cathédrale. Les acclamations qui l'avaient accompagné sur son passage l'accueillirent encore à son arrivée. Le peuple, la cour, les soldats, les femmes, les magistrats, les députés des villes, appelaient avec le même sentiment, le Roi qui leur avait donné le repos, et l'enfant qui leur promettait le bonheur.

D'abord parut cet enfant auguste, fort et tranquille comme s'il eût connu ceux au milieu desquels il se trouvait, déjà retraçant aux yeux son père trop tôt enlevé, et sa mère qui nous a rendu notre espérance. Après lui venaient monseigneur le duc d'Angoulême, et Madame, Madame qui semble, partout où elle se montre, apporter le pardon du Très-Haut, dû à tant de souffrances; et Monsieur, dont le visage n'a jamais exprimé que les sentimens généreux de son cœur. Le Roi parut enfin, entouré des Princes, des grands-officiers, de ceux qui ont acheté plus cher le droit de le défendre de plus près, devancé par le coadjuteur, par le chapitre, par le clergé tout entier en habits d'or et de soie. A ce moment, mille voix s'élevèrent au-dehors pour le bénir : l'orgue des fêtes retentit sous les voûtes de l'église; les chœurs s'élevèrent du fond du sanctuaire, et le Roi, traversant la nef sous le dais que soutenaient les chanoines, vint prendre place au pied de l'autel élevé pour la cérémonie. Les prières commencèrent. Celui qui les disait était un vieillard né dans nos grandes familles, qui, à soixante ans, avait appris qu'il pouvait y avoir des persécutions et un exil, et qui avait accepté avec joie l'exil où sa fidélité devait le conduire. Abattu aujourd'hui par l'âge, fatigué par la maladie, il venait saluer l'Enfant-Roi de ses arrière-neveux, offrir pour lui ces prières qui sont mieux acueillies encore de la bouche d'un vieillard, et couronner une vie de vertus par un dévouement qui lui en paraissait la récompense. Pendant qu'il remplissait son pieux ministère, pendant que Madame, attentive et tendre soutenait de ses mains l'enfant au nom de qui elle promettait à Dieu une vertu comme la sienne; madame la duchesse de Berry, le cœur ému, suivait son fils de ce regard maternel auquel rien n'échappe; Monsieur attachait sur lui des yeux qu'il reportait ensuite sur ce peuple fidèle. Hélas! l'enfant aurait dû rencontrer aussi le regard de son père!!!

Quand le saint-chrême eut complété les cérémonies où le baptême s'achève, quand l'enfant de la France eut été reçu par le Très-Haut, les Princes, le Pontife, s'approchèrent; ils venaient, comme en notre nom, demander au Roi sa bénédiction de monarque et de père, pour le Français, pour l'enfant, pour le dépositaire de nos destinées futures. Le Roi appela sur la tête de son neveu les bénédictions du Ciel, la protection de la Vierge céleste, l'amour de la France. Le ciel le bénira sans doute cet enfant envoyé par la Providence, cet enfant sauveur qui nous aimera, comme les siens nous ont aimés. Et nous, nous tiendrons au fils ce que nous eussions promis au père; ils en seront garans ces cœurs qui se sont émus à l'aspect de la royale famille, si long-temps dispersée, poursuivie si long-temps, et réunie autour d'un autel de baptême! elles le promettaient ces voix qui, de toutes parts, rompant par un mouvement pieux le silence de cette enceinte, se sont unies aux chants des pontifes pour demander à Dieu de conserver le Roi; elles l'ont promis ces villes dont les maires et les députés sont venus l'un après l'autre inscrire leurs noms sur le registre où rien ne distinguera l'enfant de la France, rien que les noms de tant de témoins destinés à lui rappeler tant de devoirs. Murs de Notre-Dame, qui vîtes autrefois Philippe vainqueur remercier le Très-Haut d'avoir reconquis son royaume par une victoire, Henri rendre grâces au ciel d'une conversion qui le rendit à ses sujets; murs sacrés qui retentissez encore des cris de joie et de chants de fêtes; redites à nos neveux ce grand souvenir; que les bannières blanches qui couronnaient vos tours y flottent à jamais ; que la cloche d'airain où le nom de Louis XIV est gravé encore, n'appelle plus aux fêtes que des princes heureux et des sujets fidèles ; et toi, si du haut des cieux tu as pu abaisser tes regards sur ce temple où priaient tous ceux qui t'avaient aimé, toi dont la mémoire était dans tous les cœurs, Prince connu si tard, et qui eusses été peut-être le plus grand d'une famille féconde en grands hommes, protége-nous assez pour que nous conservions long-temps et ton Roi, et ton père, et ton frère; conserve-nous ton fils; obtiens qu'il vive, et prie qu'il te ressemble.

L'ENTRÉE

DE

Mgr LE DUC D'ANGOULÊME.

2 décembre 1823.

« Qui pourroit deviser par bouche ou penser « de cuer la tres grant joie et la tres grant « feste que toz li poples fesoient au Prince ensi « com il s'en retornoit en France après la vic- « toire », disent les grandes chroniques de Saint-Denis en racontant le retour de Philippe-Auguste; et ces jours de Bovines où la monarchie releva sa tête sont égalés par les journées non moins glorieuses qui ont rendu non plus seulement à la France, mais à l'Europe tout entière, cette confiance dans la vertu, ce respect pour le devoir, ce besoin d'honneur et de fidélité, qui font le salut des individus et le soutien des États eux-mêmes.

Aujourd'hui, comme au temps de Philippe-Auguste, Paris et la France avaient à célébrer un grand triomphe : aujourd'hui, comme alors, la victoire avait été toute française : « Li bor- « gois et li clercs allerent au Prince à l'encontre « et mostrerent la grant joie de leurs cœurs par « les actions de fors : » et quel cœur ne se fût ému de tant de gloire et de vertu réunies? Qui ne se fût senti plein d'un saint orgueil au moment où la plus chevaleresque des victoires apportait à la plus noble des nations le seul genre d'éclat qu'on eût quelque temps dédaigné pour elle. La vertu dans les revers, c'est l'honneur, et nos Princes n'y ont jamais manqué : la vertu dans le succès, c'est l'honneur encore; cet honneur est notre apanage, et Dieu ne veut pas que nous y manquions jamais. Aujourd'hui, tous les sermens ont pris une force nouvelle, aujourd'hui se sont oubliées le peu de fautes qu'on aurait été réduit à se rappeler encore; pour les fils de Saint-Louis et de Henri IV, le jour de la gloire est un jour de clémence.

Depuis le matin, une foule empressée avait bravé l'intempérie d'une saison humide et pluvieuse. Les avenues des Champs-Élysées, la place Louis XV, les allées supérieures des Tuileries, étaient couvertes de monde; et, vers onze heures, les troupes stationnées sur les différens points s'étaient dirigées vers la barrière Neuilly pour y former la haie pendant le passage du Prince. Dans le nombre, étaient ces régimens de la garde, aussi braves qu'ils sont fidèles, et cette garde nationale qui est une garde royale aussi, et cette maison militaire qui n'a pas vu un combat sans y trouver la victoire. A leur tête, en dehors de la barrière, c'étaient les élèves de l'École polytechnique, heureuse et riche espérance de la patrie, et qui venait saluer des premières acclamations le Prince par qui son avenir est assuré. Au milieu d'eux, les deux préfets conduisaient le corps-de-ville : Monseigneur l'archevêque de Paris venait, comme pour bénir la victoire, ou plutôt pour bénir la vertu. Entre ces enfans déjà guerriers, ces vieillards qui n'ont plus que l'espoir d'être utiles, ces prêtres saints, et ces magistrats chargés d'exprimer toute notre reconnaissance, quelques femmes de la Halle, quelques charbonniers, des soldats, allaient, venaient, traversaient les rangs sans vouloir blesser la consigne, mêlaient le nom de monseigneur le duc d'Angoulême à toutes leurs phrases; et, moitié joyeux, moitié attendris, répondaient au léger reproche que le maintien du bon ordre leur attirait: C'est notre Prince à nous, et nous le verrons, s'il vous plaît.

Cependant quelques soldats à cheval annonçaient déjà l'arrivée du vainqueur : une heure venait de sonner quand il parut devant cet arc de triomphe qui sera le sien un jour. Son cortége était simple, sa démarche modeste; il venait à Paris comme il était entré à Burgos, à Madrid, à Cadix, pour accomplir un devoir : il venait rendre grâces au Roi qui lui avait ordonné de vaincre: on eût dit qu'il avait oublié ce qui donne, mais non ce qui mérite la gloire. Derrière lui, les vainqueurs de Znaym et de Raguse marchaient auprès de celui qui, brave entre les braves, avait mérité naguère d'être le premier des grenadiers français, le conquérant de Pampelune auprès du jeune ministre que vient d'illustrer l'armée de Catalogne : quelques officiers noircis par le soleil d'Espagne, quelques généraux qui s'étaient retrouvés jeunes au moment du combat, et plus loin deux bataillons de la garde royale, compagnons et témoins de la gloire de leur chef, marchant comme à la revue, comme au combat, le front haut, le pas assuré, prêts à obéir aussi-bien qu'à vaincre, deux bataillons de ces hommes dont, comme Charles-Quint, le Roi de France pourra dire: Voyez-vous les armes de ces soldats, les destinées de l'Europe y reposent.

Un cri général, un cri d'allégresse accueillit le vainqueur : il sembla ému ; qui ne l'eût été! Il venait, vengeur de la cause des Rois, retrouver ceux qu'il aime, dans la demeure de ses pères : ah! c'est aujourd'hui que la gloire aura donné du bonheur.

Au moment où arrivait monseigneur le duc d'Angoulême, un simple soldat, un grenadier, fier de son uniforme et de son général, se jeta vers lui; et, d'une voix émue, reculant la tête et présentant au Prince une branche de laurier : Prenez, mon général, lui dit-il; il en vaudra d'autres. En ce moment, l'archevêque de Paris s'avança, les deux préfets et le corps-de-ville entourèrent monseigneur le duc d'Angoulême. Un discours simple et naturel exprima au Prince les sentimens d'une ville que ses Rois n'ont pas moins accoutumée à leur bonté qu'à leur gloire. « Messieurs, répondit le Prince, je « suis touché de l'affection que vous me té- « moignez au nom de Paris; j'ai rempli les « ordres du Roi, je suis heureux; et je ne suis « pas moins fier d'avoir montré que rien n'est « impossible à la tête d'une armée française. »

Alors les portes de Paris se sont ouvertes, et le Prince, en passant sous des trophées où chaque nom rappelait une victoire, est rentré dans la ville de ses aïeux. Tous ceux dont les fils avaient combattu et tous ceux qui auraient voulu combattre, les habitans de Paris et les habitans accourus de la province, les pères qui devront le bonheur de leurs enfans aux bienfaits de cette noble et royale famille, les jeunes hommes qui sentent devant eux des règnes d'une paix glorieuse, accompagnaient de leurs acclamations cette marche nationale et simple. A mesure que monseigneur le duc d'Angoulême avançait, les soldats présentaient les armes, les acclamations marchaient avec lui; ce n'étaient pas les mêmes personnes, mais c'étaient les mêmes acclamations, parce que c'était le même sentiment, et partout le cri de Vive le Roi! accompagnait celui de Vive monseigneur le duc d'Angoulême. On dirait que l'amour du peuple est comme la couronne : il appartient à toute la famille, et c'est le Roi qui en est dépositaire.

Au bout d'une heure environ, monseigneur le duc d'Angoulême arriva aux Tuileries ; là, Monsieur l'attendait ; là, entouré, pressé de tous ceux qui plus à portée de le voir ont appris à l'aimer davantage, il fut conduit par son père auprès de son Roi : nous n'avons pas le droit de raconter cette noble et touchante entrevue, mais la reconnaissance est facile dans une âme si royale ! mais le bonheur est si grand quand on est loué devant son père !

Quelques momens après, le Roi sortit de ses appartemens pour aller sur le balcon de la salle des Maréchaux passer en revue les troupes que l'on avait appelées à venir saluer le vainqueur. Madame et madame la duchesse de Berry étaient assises à ses côtés : debout, derrière son fils, le regardant sans cesse et le cœur plein de joie, Monsieur semblait dire : Le voilà. Depuis l'entrée du Prince, un soleil radieux et brillant avait dissipé les nuages et ranimé le ciel : c'était le soleil du 12 mars.

Cependant les compagnies de la garde royale qui ont vu Cadix et délivré le royal prisonnier avaient passé devant le palais; les légions de la garde nationale leur avaient succédé; les autres régimens de la garde, ceux de la gendarmerie et de la ligne, défilaient successivement au bruit d'une musique militaire. Ces sons harmonieux, ce beau soleil, ce magnifique jardin planté par le grand Louis XIV, cette population immense répandue au milieu des arbres et des parterres, cette longue avenue qui semblait rapprocher les Tuileries et l'arc de triomphe, cette multitude de troupes dont les armes brillaient aux rayons du jour, tout attestait, tout était le triomphe; et, quand au moment où les régimens défilaient d'un pas si ferme, nos vieux drapeaux s'inclinaient devant notre vieux Roi qui les saluait au passage, on sentait que la France rendait hommage à son Roi, on sentait que notre Roi rendait honneur à notre France.

Un peu après quatre heures, la solennité s'était terminée; monseigneur le duc d'Angoulême se retrouva au milieu de ce qu'il a de plus cher. Tous ceux qui ont pu le voir l'ont béni, ceux qui sont restés près de lui étaient associés à sa gloire : plus les cris de joie redoublaient, plus il était modeste, plus on était ému. — Et Monsieur! — Quand Philippe-le-Hardi eût remporté en Égypte un avantage où il courut risque de la vie, il revint vers son père, et pour lors, ajoute le sénéchal de Champagne, « le saint Roi ne dit rien, mais tint son « fils long-temps étreint sur son cuerz, et vit « on couler des pleurs de ses yeux ».

MORT

DU

ROI LOUIS XVIII.

16 septembre 1824.

« Ce Prince qui, ayant consommé sa vie dans « les travaux qu'il a soufferts pour relever la « gloire de Dieu dans ses États, et ensuite leur « procurer la paix, a mérité les affections et la « reconnaissance universelle de tous ses su- « jets », écrivait Anne d'Autriche au parlement de Paris, le 29 juin 1643 [1], « ce Prince n'attend « plus de nous que des souvenirs et des « prières. » Et, comme autrefois son courageux aieul, le Roi que Dieu nous avait réservé, et qu'il suscita de l'exil pour nous donner la paix, vient de s'endormir après sa tâche terminée [2]; ce matin, à quatre heures trois minutes, le roi Louis, dix-huitième du nom, roi de France et de Navarre, a cessé de vivre.

[1] Lettres patentes du 29 juin 1641. — [2] *Rois*, liv. CXXIV, c XX.

Depuis plusieurs mois déjà, des symptômes alarmans, des douleurs plus vives, des incommodités plus fréquentes, avaient averti le Roi de la présence du danger. Depuis plusieurs mois il luttait, non contre le péril dont il mesurait l'étendue, mais contre les conseils respectueux qui le suppliaient de consacrer quelques jours à se guérir. Dans l'exil il eût arrêté la maladie, car alors il n'était responsable de son existence qu'à lui-même; sur le trône il sacrifia sa vie, parce qu'il se trouvait responsable à la France de chacun des jours qu'il croyait perdre en les donnant à ses douleurs.

Le 25 août, ce jour dont, avant lui, dix-sept Rois avaient consacré la solennité religieuse, qui de nous n'avait été frappé de sa souffrance autant que de son courage? Nous l'avions vu alors courbé sous le poids de la maladie, tourmenté par la douleur, mais sans plainte, sans faiblesse, s'occupant encore du bien qu'il pouvait faire, dirigeant ses ministres, accueillant les grands de l'État, remplissant jusqu'au bout cette laborieuse tâche de régner que Dieu impose à des familles qu'il a marquées lui-même. Comme un voyageur qui répand, au moment de partir, ses dons les plus précieux, il semblait vouloir consacrer ses derniers momens par des bienfaits plus grands encore. « Je ne connais félicité en seigneurie, répétait un « Prince, excepté en une seule chose, c'est en « puissance de faire bien à autrui [1] ». Ce Prince était un Roi de France, et ce Roi de France était de la famille du Roi qui n'est plus.

Bientôt arriva ce mois de septembre, mois funeste qui vit mourir Charles V et Louis XIV. De nouveaux symptômes s'accumulèrent; une autre crise se fit sentir. Plus le danger devenait pressant, plus le Monarque faisait d'efforts pour le supporter; ce n'était point sa vie qu'il disputait, c'était le temps qui appartenait à la France. Il savait son état; il disait à un homme dont l'âge se rapprochait du sien : « Vous célébrerez seul cette année votre anni- « versaire. » Il disait à un autre : « Je vous ai « empêché de voyager, c'est pour une triste « raison; puisse du moins ce temps, qui ne « peut plus rien pour moi, n'être pas dange- « reux pour vous! » On aurait dit que sa force

[1] Charles V, cité par Christine de Pisan

tout entière se réunissait dans son esprit, se concentrait autour de son cœur. Ses ministres, à leur travail, ne l'avaient jamais trouvé si supérieur; les ambassadeurs admis auprès de lui ne l'avaient jamais vu si grand; et cette auréole de gloire que notre religion sainte aperçoit autour de la tête de ceux qui vont mourir, semblait l'éclairer déjà. Ce n'était pas la foi de Jésus-Christ, c'était, pour emprunter à l'Église une de ses expressions les plus élevées, les devoirs de la royauté qu'il confessait sur le bord de la tombe.

Quatre siècles et demi sont passés depuis qu'au sortir des troubles civils et des guerres étrangères, un Roi, faible de corps et puissant de cœur, fut donné à la France. Ce Roi, qu'avaient éprouvé de longues infortunes, fut le libérateur de notre patrie. Il arrêta, sous les murs de nos villes, l'effort des armes étrangères; il rendit à la religion ses honneurs, à l'Espagne son Roi; et, grand pendant le cours de son règne, il parut encore plus grand au moment de sa mort. La maladie l'avait frappé avant l'âge, la douleur le dévorait; et « cettuy « sage Roi démontrant les signes de sa grant

« constance, nonobstant les tourmens de l'en-« gagement de sa maladie, pour donner aulcun « reconfort à ses serviteurs que il véoit pour « lui grandement adoulez, et dont il avoit « grant pitié, vouloit en esforçant sa puissance, « estre chascun jour levez et vestu, et mangier en « table, et quel que foible qu'il fust, leur disoit « paroles de reconfort, sanz quelconque cla-« meur ou plainte[1]. » Ce Prince si vertueux, cet homme si plein de courage, c'était, en 1380, Charles V; c'était Louis XVIII en 1824. Rois magnanimes dans leur vie, illustres dans leurs actes, qui tous deux arrachèrent le royaume aux fureurs des partis et à la domination étrangère, qui tous deux fixèrent la liberté parmi nous en l'asseyant sur les marches du trône : Rois bienfaiteurs de la France, et qui, réunis par la mort sous les voûtes de Saint-Denis, y prieront encore pour nous du fond de leurs sépultures.

Cependant les jours s'écoulaient, et la force qui soutenait le Roi s'évanouissait avec eux. Le 10 septembre (vendredi), on le supplia de se

[1] Christine de Pisan, IIIe partie, ch. LXXI.

mettre au lit, pour essayer d'un repos nécessaire; le 11, on insista encore. « Si je me « déclare malade, répondit-il, on fermera la « Bourse et les lieux publics; il y aura beau- « coup d'intérêts lésés; peut-être des malheurs « de fortune; peut-être la ruine de quelques « familles, et tout cela pour moi : non, je ne « me mettrai point au lit. » Le dimanche, il se leva encore; mais ses forces épuisées ne répondirent plus à son courage. Un abattement cruel se faisait sentir; il luttait, mais sa volonté résistait seule à la douleur devenue la plus forte; la maladie, réprimée long-temps, se développait avec un caractère plus grave; l'ordre des réceptions fut interrompu, le Roi se déclara malade, et des ce moment, faut-il le dire, dès ce moment on put croire qu'il se préparait à la mort.

Depuis lors, et pendant les trois jours que Dieu nous accorda encore, Paris, la cour, le palais, tout prit subitement un aspect de douleur. Ce Prince en qui nous étions tous frappés, ce Roi libérateur à qui le Seigneur semblait avoir dit, comme autrefois au chef de son peuple : « Votre heure est venue, et vous allez

« reposer avec vos pères »[1]; ce Monarque dont la sagesse avait apaisé ou dompté les factions prêtes à venir aux mains, allait être enlevé à ses peuples et à l'Europe.

A cinq heures, et pendant trois jours de suite, les prières de quarante heures commençaient au sein des églises et dans la chapelle du château. Là, ceux qui aimaient le Roi venaient prier, et tout le monde priait.

Oh! qui pourra rendre l'effet de ces chants bas et solennels, de ces prières si graves et si ferventes! Au milieu de ces prières, dans un moment de silence, le *Domine, salvum fac Regem* s'élevait tout d'un coup; et, répété trois fois, semblait être devenu l'expression du seul vœu de cette grande famille qui demandait les jours de son père. Nous priions, et, près de nous, le Roi pour qui nous implorions le ciel, le Roi allait mourir! Nous le sentions, et, à l'instant où le prêtre entonnait le chant de gloire au Dieu qu'il faut louer même alors qu'il frappe, nos voix émues, nos accens incertains nous avertissaient, malgré nous, du peu de

[1] *Deuter.*, chap XXXI, vers. 14 et 16.

résignation de notre âme. Nous nous regardions alors, nous achevions l'hymne commencée, mais nous l'achevions à genoux, et nous avions les yeux baignés de pleurs.

Pendant ce temps, le Roi, fils de Saint-Louis, faisait ce qu'avait fait Saint-Louis aux rivages de Lybie; aussi près de la mort dans sa chambre royale que sous la tente du croisé, aussi résigné dans la prospérité qu'il l'eût été dans le malheur, il avait appelé à son aide, dans ce grand combat de la mort, le Dieu par qui l'on règne et par qui l'on meurt. Le lundi matin, les Princes, les Princesses, l'auguste héritier du trône, allèrent chercher à l'autel le chrême que l'on reçoit à l'entrée et à la sortie de la vie. Le Roi le vit avec calme, le reçut avec une foi vive. Il appela sa famille, il la bénit, il la recommanda tout entière à Dieu. Dieu l'a entendu ce vieillard vénérable, et cette bénédiction, aussi sacrée que *toute bénédiction que jamais père peut donner à enfant* [1], est retombée jusque sur la France qui la reçoit comme le dernier bienfait de

[1] Joinville, IIe partie, p. 404.

son Roi. Le grand Louis, au lit de la mort, donna jadis à son petit-fils ces admirables conseils destinés à fonder la prospérité du royaume; mais c'est qu'alors son petit-fils était encore dans les premières années de l'enfance. Plus heureux que le grand Louis, notre Roi n'eut qu'à regarder son frère; et le regard de son frère lui répondit, en ce moment sacré, de tout ce qu'il aurait de soins et d'amour pour la France. Noble héritage, aussi beau que la couronne, pur comme elle, et que, depuis le bon Henri, nos Rois n'en ont jamais séparé!

Le soir vint, la nuit avança : minuit était passé. Tout ce qu'il y avait de grand et d'illustre en France était venu se joindre à ceux que le service appelait dans le château; au-dehors un profond silence, au-dedans les salles à demi éclairées présentaient un aspect triste et sombre. Les galeries étaient remplies d'officiers, de ministres, d'ecclésiastiques, de gens de la Cour, réunis par la même douleur, appelés par la même inquiétude, qui parcouraient silencieusement sa vaste étendue, s'arrêtaient à chaque bruit, accouraient au moindre mot vers la porte de l'appartement du Roi;

qui étaient venus sans espoir, qui s'éloignaient sans espérer davantage, mais qui sentaient je ne sais quel douloureux besoin d'attendre, et d'attendre encore.

Sur les murs de cette longue galerie, entre des glaces à reflets obscurs et des draperies de couleur sombre, quelques tableaux étaient placés : on y jetait involontairement les yeux ; ces tableaux ne représentaient que Henri IV et Louis XVI; Henri IV et Louis XVI à côté d'un Roi qui allait mourir !..... Mais tout à coup un bruit se fit entendre; on courut, c'était vers la porte de l'appartement du Roi.

Là, et sur un lit de peu de hauteur, était couché celui qui mourait en chrétien après avoir vécu en Roi : à ses pieds son auguste Frère, qu'il léguait à la France; près de lui cette Nièce qui, semblable à l'ange des Saintes Écritures, n'était sortie des cachots que pour répandre la consolation et la paix; ce Neveu qui avait apporté naguère la couronne des guerriers sur le front du législateur ; cette autre Nièce si jeune, sitôt veuve, si accoutumée à la douleur, et qui nous avait conservé dans son fils les nouvelles destinées de la

France. Derrière eux, les Princes de la Maison, quelques serviteurs qui comptaient leur dévouement par leurs années; et, d'un autre côté, des médecins tristes, découragés, examinant à la lueur de bougies expirantes, non plus ce qu'ils devaient faire, mais, hélas! ce que nous devions craindre. Le désordre de cette chambre royale, sa magnificence oubliée, son silence, le trouble qui s'y joignait, l'incertitude, l'attente, tout remplissait le cœur d'effroi, de douleur et de respect.

A quatre heures, un des médecins, relevant doucement la main du Roi, tressaillit, et dit à voix basse : « Il n'est plus! » A ces mots, Monsieur se jeta à genoux, les yeux baignés de larmes; et, dans un mouvement déchirant de douleur, se releva, et courut embrasser l'ami, le compagnon de son enfance, le Roi qu'il venait de perdre, le Frère qu'il aimait depuis cinquante années. Madame, Monseigneur, les Princes, éclatèrent en sanglots; et, tous, agenouillés devant ce lit de grandeur et de misère, demandèrent à Dieu d'être bon pour celui qui avait été si bon pour eux.

Le comte de Damas, premier gentilhomme

de la chambre, parut à la porte de la galerie; et, d'une voix entrecoupée par les larmes, il dit : « Messieurs, le Roi est mort. » Chacun courait; chacun s'arrêta, comme si ce malheur était imprévu, comme si jamais nous n'en eussions conçu la pensée. Cette stupeur, ce trouble et ce silence réunis, glaçaient tous les cœurs, lorsque le duc de Blacas, premier gentilhomme de la chambre, parut à la porte de la galerie, et dit : « Messieurs, le Roi ! » Le roi Charles X parut, suivi de Monseigneur le Dauphin, de madame la Dauphine, et de Madame, duchesse de Berry. Il s'avança, pâle, et portant dans ses traits l'empreinte d'une affliction profonde. Tout ce qui était présent s'inclina devant lui, le front baissé et pliant le genoux; et un cri touchant, mais retenu, un cri proféré par l'amour, mais réprimé par la douleur, un cri étouffé de *Vive le Roi!* se fit entendre.

Lorsqu'au dernier jour de leur grandeur nos Rois vont rejoindre, à Saint-Denis, leurs ancêtres dormant aux pieds du Dieu qui les fit Rois, les officiers de la couronne jettent dans la fosse l'écu, le heaume et la cotte d'armes qui ont été au prince mort, et le roi d'armes de France crie : « Pourvoyez-vous! » mais le grand-chambellan et le grand-écuyer ne font qu'incliner vers la tombe l'épée et la bannière, et le roi d'armes crie : « Monsieur le grand-« chambellan, relevez la bannière; monsieur « le grand-écuyer, relevez l'épée du royaume « de France. » C'est que le Roi ni la France ne meurent; c'est que le Roi est à la France comme la France est au Roi. Nous avons déposé le heaume et la cotte d'armes sous la tombe; relevons aujourd'hui la bannière et l'épée de France, et crions *Vive le Roi!*

OBSÈQUES
DU
ROI LOUIS XVIII.

24 octobre 1824.

Un des plus beaux règnes de notre histoire vient de s'achever sous nos yeux; un de nos plus grands Princes vient d'entrer dans la dernière demeure. Ce jour a été, comme le jour suprême accordé à ceux qui passent sur la terre, et la France a dit un dernier adieu à son Roi.

Vingt ans passés, un homme, qui osa prendre jusque sur l'autel une couronne forgée de l'or des conquêtes, avait rouvert les caveaux de Saint-Denis; il y avait attaché des portes de bronze et d'or, et il s'était dit : « Là j'irai « dormir sous le manteau des Rois. » Mais cet homme, qui avait pu occuper une place sur le trône, n'en trouva pas dans la tombe royale; Dieu ne lui avait accordé que la grandeur humaine : les statues des Rois semblaient attendre autour du caveau que les Rois eux-mêmes fussent rendus à la terre sacrée. Dans l'année 1814, au mois d'avril, pendant une nuit sombre, les portes d'or et de bronze tombèrent tout à coup, détachées par une main invisible : c'était la nuit où le conquérant signait son abdication et restituait le trône.

Le Dieu qui avait précédé Clovis à Reims, et conduit à Chartres Henri-le-Grand, attendait leur descendant aux murs de Saint-Denis; deux fois sa main l'y conduisit, deux fois les campagnes qui entourent cette antique église virent notre Roi de retour, et furent témoins de ses bienfaits. Là, il réconcilia la France avec l'Europe; là, il la réconcilia avec elle-même. Inclinez votre front, vous tous qui reçûtes son pardon, vous qui reçûtes ses bienfaits : peuples, prêtres, guerriers, la pierre sépulcrale est tombée, votre Roi n'a plus de place sur la terre; dites à Dieu le bien qu'il vous a fait, inclinez votre front, et pleurez celui qui n'est plus.

Nous l'avons vu ce Roi si vénérable et si sage, rentrer au milieu de ses enfans ; nous avons vu ses mains pieuses rendre au Roi-Martyr les pompes funèbres dues à son ombre, arracher à la profanation les restes épars de ses pères, et lorsque, dans la sainte obscurité du caveau royal, entourés de ceux qui avaient été Rois, à la lueur d'un seul flambeau, à côté d'un seul prêtre, nous répétions les chants de l'église; lorsque le ministre des autels ajoutait : « Priez pour le roi Louis » [1], nous croyions, en nous agenouillant, que le jour était loin encore où ce serait en effet pour le roi Louis qu'il faudrait élever la suprême prière.

Ce jour était venu pourtant. Saint-Denis avait revêtu ses pompes souveraines; car Saint-Denis a quelque chose de la royauté en commun avec Reims : l'autel était caché sous des tentures de deuil; des draperies noires couvraient les ogives des voûtes et le pavé de l'église; de longues tribunes noires s'étendaient entre les piliers; d'immenses voiles noirs descendaient à côté du mausolée; mais des anges d'or surmontaient ces pilastres gothiques; des lampes étaient suspendues au milieu de ces voûtes; des colonnes d'azur s'élevaient pour rappeler

[1] Le 20 janvier 1816.

les anciennes tentures et les couleurs royales; mais du sommet des arceaux de la nef, tombait jusque sur le sépulcre une grande couronne : elle était simple et magnifique comme est la couronne de France ; il semblait que le Dieu très haut l'eût jetée jusque sur ce cercueil comme pour attester qu'au milieu de la faiblesse des hommes, il n'y a de grandeur que ce qui vient de lui.

Cependant arrivait successivement tout ce qui pouvait prendre part à cette triste cérémonie : c'était la nation entière qui venait, au moment de la séparation, bénir celui qu'elle avait désiré long-temps et long-temps aimé.

Près du cercueil étaient l'épée, le sceptre, la couronne, semblables à ceux qui furent confiés naguère à la garde des desservans de l'église. Il y avait autrefois au trésor de Saint-Denis, et c'est un des anciens usages qu'avait consacrés la monarchie, un sceptre, une couronne, une épée, qui s'y conservaient à côté de l'oriflamme. Le jour où le Roi quittait les solennités de Reims, il venait à Saint-Denis visiter la tombe de ses pères : on ouvrait les caveaux; il se présentait, seul pour y entrer, seul pour y descendre, et le prieur, lui montrant les insignes confiés à sa garde, lui disait : « Sire, ils sont à vous ». Le jour où le Roi mort venait à son tour prendre la place qui lui était réservée sur les derniers degrés du sépulcre de famille, les gardiens de Saint-Denis rapportaient sur le cercueil les insignes que le Roi leur avait laissés en dépôt, et le prieur, qui les présentait à genoux, disait encore en les élevant au-dessus de sa tête : « Sire, ils sont à vous. »

Ainsi ce qui atteste la grandeur, la justice et la force, était réuni sur le manteau royal et sous le drap mortuaire; ainsi le Roi, placé encore au milieu de la nef, en présence du Dieu qui l'avait fait naître et qui l'avait fait mourir, en face des degrés par où l'on monte à l'autel, semblait venir, pour la dernière fois, demander à ce Dieu, et devant cet autel, un pardon et un avenir. Mais à la droite du mausolée, à la hauteur de la croisée de l'église, entre le lit royal et l'autel, au milieu de tout ce qu'il y a de grand et d'illustre en France, une pierre est levée; cette pierre est celle de la sépulture : la tombe est ouverte; il n'y a plus qu'à descendre. La France entière vient assister au départ de celui qui représentait la France. Le bruit de cette pierre, quand elle tombera, va retentir à l'oreille de tous les Rois; et, dans la stupeur où sera plongée la France, dans le silence où resteront les Princes, une voix éloquente se fera entendre, qui répétera, comme il y a trente-un ans, comme il y a un siècle : Gloire à Dieu! Dieu seul est grand!

Le jour avançait; les préparatifs étaient achevés; trois mille flambeaux brûlaient sous ces voûtes de deuil et contre ces colonnes d'or; les guerriers, les magistrats, les prêtres étaient venus vêtus de leurs habits de cérémonie : ils passaient à travers de longues haies de soldats; ils s'inclinaient devant le catafalque; ils s'asseyaient à leurs places marquées.

Qui eût vu ces robes si riches, ces habits si éclatans, cette pompe inaccoutumée, cet autel resplendissant de l'éclat des flambeaux, ces longues lignes de feu qui dessinaient la vieille architecture de l'église, ces colonnes qui répandaient des flots de lumière, et ces tribunes pleines d'un peuple immense, et ces degrés de l'autel couverts de lévites et de prêtres, eût senti ce que c'est qu'un Roi qui meurt : mais qui fût descendu dans le caveau qu'on venait de rouvrir, et qui eût vu cette voûte obscure, ces tréteaux de fer, ces cercueils parallèlement rangés, et les plantes humides qui, sorties du sein de la terre, s'étaient glissées le long des supports jusque sur le velours mortuaire, et ces épaisses couches de lichen qui couvraient les cercueils d'un voile blanchâtre, comme pour les attacher à la terre, eût vu ce que c'est qu'un Roi mort depuis long-temps.

Le deuil des Rois est mené par les Princes : monseigneur le Dauphin conduisait la pompe funèbre; c'était pour lui le premier apanage qu'il eût trouvé près du trône. Destiné à l'occuper un jour, il ne pouvait oublier que, dans les jours d'exil et d'infortune, le Roi son oncle l'avait instruit aux glorieuses obligations que lui imposait sa naissance. Il arriva vers midi, en longs habits de deuil, suivi de sa maison, entouré des officiers du Roi son père ; il prit place, et les offices commencèrent, les offices qui ne sont que des prières, que les prières communes à tous ceux qui souffrent.

L'orateur chargé d'annoncer les leçons de Dieu et celles de la mort, monta dans la chaire.

Cet orateur était un homme dont la vie avait été consacrée à répandre et à faire aimer la parole divine. Il avait pris pour texte ces mots de l'Écriture : « C'est moi qui fais mourir, et « c'est moi qui fais vivre ; moi seul je frappe, « et moi seul je console, et personne ne peut « se dérober à ma puissance. » Il parla, et les assistans l'entendirent, car il raconta les souffrances et les bienfaits, la sagesse et le courage du grand prince que la France avait perdu. Il se tut, et tous les cœurs furent d'accord avec le sien ; car il avait terminé son discours en appelant sur le frère, sur la famille du Roi que nous pleurons, toutes les bénédictions que le Roi lui-même leur avait données au moment de sa mort.

Bientôt les absoutes commencèrent ; des côtés de l'autel s'avancèrent de longues files d'enfans de chœur ; une foule de prêtres sortit des draperies qui l'environnaient ; six évêques étaient à leur tête ; ils descendirent à pas lents les degrés au-dessus desquels est l'autel, au-dessous desquels est la tombe ; ils vinrent auprès du mausolée, et chacun d'eux, faisant le tour du monument, et récitant les chants de mort, semblait apporter là, comme un dernier tribut, l'hommage et la prière des provinces.

A ce moment, les cérémonies religieuses se terminèrent; un profond silence régna dans l'église; un trouble secret occupait tous les esprits; on attendait, on regardait, lorsque le catafalque s'ouvrit : douze gardes-du-corps, douze soldats de ces compagnies d'élite à qui le Roi est confié, et qui ont prouvé qu'ils en sont dignes, soulevèrent le cercueil; le chancelier, président de la Chambre des Pairs, le doyen des maréchaux de France, le président de la Chambre des Députés et le chef de la première cour du royaume, prirent les quatre coins du poêle; la France entière accompagnait son Roi descendant vers la tombe.

Qui pourrait dire le saisissement de tous les cœurs, la sombre et triste attention de tous les yeux? autour du mausolée étaient encore rangés les officiers de la maison royale, les magistrats, les guerriers; au-devant, les pairs et les ambassadeurs, les députés et les membres du conseil; sur les degrés de l'autel, une foule de prêtres, d'enfans de chœur, de ministres du Seigneur, tous debout, silencieux, troublés, et dans les tribunes, aux croisées du jubé de la nef ou du chœur, une foule de femmes, des hommes, un peuple nombreux et pressé; il n'y avait pas là un homme, une mère, un enfant qui n'eût dû son repos, ou son bonheur, ou son avenir, au vieillard qui disparaissait à leurs yeux.

Alors le roi d'armes de France cria : Le Roi est mort! et trois fois il répéta ce cri sinistre. Il quitta sa cotte d'armes, il arracha sa toque, et les jeta dans l'escalier de la sépulture. Les hérauts d'armes l'imitèrent, et se dépouillèrent comme lui; ensuite il dit : « M. le maréchal de Raguse, major-général de la garde royale, apportez l'étendard de la garde. » Le maréchal s'avança portant l'étendard que le Roi avait naguère envoyé des Pyrénées à l'extrémité de l'Espagne, l'étendard royal, aussi percé de balles qu'il est couvert de gloire; le maréchal s'inclina devant l'autel, salua le mausolée, salua une fois encore la route où le Roi venait de descendre, et remit l'étendard entre les mains du roi d'armes, qui le jeta dans la tombe.

Le roi d'armes appela encore : et le capitaine des gardes suisses, et les capitaines des gardes-du-corps apportèrent, de la même manière, l'étendard de leurs compagnies.

Il appela : et les écuyers, et les gentilshommes de la chambre, le premier écuyer, le grand-chambellan apportèrent les insignes et l'armure du Roi; les éperons, les gantelets, le heaume, le pennon, l'écu furent mis l'un après l'autre dans le sépulcre ouvert pour le feu Roi. Le duc de Brissac, le duc de Chevreuse et le duc de la Trémouille étaient chargés de la main de justice, du sceptre et de la couronne : la main de justice, le sceptre et la couronne furent également jetés dans le caveau.

On entendait, sur ces marches de pierre et contre ces parois de marbre, résonner les insignes de la souveraineté, les bâtons de commandement des officiers, et le casque royal, et la couronne, et le sceptre, qui roulaient, qui tombaient de marche en marche jusque sur la terre, où il n'y a plus que la destruction à attendri.

Le roi d'armes répéta : « Le Roi Louis XVIII « est mort! priez pour lui. » Un mouvement soudain nous jeta tous à genoux vers l'autel; un silence de ferveur et de crainte enchaîna tout ce qui était dans l'église : la puissance, la souveraineté, la vie, tout avait disparu ; il n'y avait plus là que la mort, la prière, et ce Dieu *qui frappe et qui console, qui fait mourir et vivre.*

Puis le duc d'Uzès, faisant les fonctions de grand-maître, dit à voix haute : « Vive le Roi ! » Le roi d'armes s'écria : « Vive le Roi Charles X, Roi de France et de Navarre, très auguste et très illustre, notre très révéré seigneur et souverain ! criez avec moi : Vive le Roi Charles X ! »

Au-dehors, au-dedans, vers les portes, à l'autel, mille instrumens se firent entendre, mille voix éclatèrent : le grand-écuyer retira l'épée, le grand-chambellan releva la bannière de France ; le bruit des armes, le son des cloches, les acclamations se mêlèrent ; et sans doute, en ce moment, le vieux Roi remercia encore le peuple fidèle qui recommençait à l'aimer en aimant son frère !

SACRE

DU

ROI CHARLES X.

27 mai 1825

Les cérémonies sont commencées : demain sera consacrée l'alliance qui doit unir le Prince et le peuple; demain le Monarque échangera contre un serment la couronne de France! Aujourd'hui il est entré, successeur de Charles VII et du jeune Roi martyr, dans cette ville où Charles VII ne reparut que sous la foi des miracles; où Louis XVII, envoyé, hélas! pour les jours d'orage, avait dû venir prendre une couronne qu'il ne trouva que dans le ciel. Naguère, sous les voûtes de Saint-Denis, les Pairs, le peuple, l'armée saluaient d'un dernier adieu le Roi qui rentrait au caveau de ses aïeux; aujourd'hui, les Pairs, l'armée et le peuple entouraient de leurs acclamations le Roi qui venait devant l'autel reprendre le sceptre et renouveler la foi de ses pères. Reims et Saint-Denis, villes du baptême royal et de la mort chrétienne, c'est à vos apôtres que la France a dû sa religion, et les Rois leur grandeur! Unissez aujourd'hui vos souvenirs et vos prières! Dites comment Denis mourut pour nous donner la foi du Dieu qui sauve, et comment Remi nous concilia l'appui du Dieu qui triomphe! Dites-nous Clovis à genoux devant le ministre du Seigneur; Childéric apercevant dans une vision céleste les trois races, les vingt siècles, les longs malheurs et l'éclatante gloire du royaume! Montrez-nous Louis Ier relevant les tours de Reims, et Louis VI consacrant les nefs de Saint-Denis; Charles VII appuyé sur l'épée de Jeanne, et le grand Henri déposant la sienne entre la tombe des Rois et l'autel du Seigneur! Au moment où la cathédrale de Reims retentit des chants sacrés et des cris d'allégresse, la vieille église de Saint-Denis prépare un autre hommage à ce Monarque entouré de tant de grandeurs et de pompes, à ce souverain qui réunit les peuples au pied de son trône, qui semble appeler Dieu même en garantie de ses paroles et en témoignage de sa vie. Une pierre se lève pour lui : cette pierre est celle de la tombe ; ce jour-là, mais ce seul jour, il aura le droit d'y entrer et la possibilité d'en sortir ; après lui, la pierre retombera ; et si elle se relève encore à son nom, c'est qu'il viendra pour y entrer encore ; mais alors la bannière et l'épée de France se releveront seules du tombeau ; l'homme qui fut Roi y sera demeuré : ce ne sera plus un règne, ce sera l'éternité qui s'ouvrira pour lui ! Reims et Saint-Denis, villes sacrées de la monarchie, préparez vos grandes leçons et vos magnifiques fêtes. Un Roi nouveau, fils, frère, père, aïeul de nos Rois, entre aujourd'hui dans les murs où le Seigneur envoya jadis l'huile sainte ; demain vous entendrez ses sermens : contemplez aujourd'hui la grandeur qui l'environne, et l'espoir qu'il apporte avec lui !

L'ENTRÉE.

Un temps incertain, de lourds orages, de fréquentes raffales de pluie avaient, depuis deux jours, attristé la ville et les nombreux étrangers rassemblés dans ses murs. On craignait pour le moment de l'entrée, on semblait demander compte au Ciel de ce peu d'accord qu'il montrait avec la terre. Cependant les arcs de triomphe étaient dressés sur la route; dans la ville, des ifs chargés de fleurs et de guirlandes dessinaient la voie royale. Aux abords du chemin, les vieillards et les jeunes filles qui représentaient les communes étaient rangés autour de leurs écussons, et derrière les simples présens qu'ils avaient eu la permission d'offrir : les soldats, les gardes nationales étaient sous les armes, et cent mille habitans, répandus çà et là, se pressaient à toutes les issues de la route. Vers une heure, le canon se fit entendre : il annonçait que, sorti en Roi de la modeste maison où il était entré en voyageur, le Roi s'avançait vers la ville. A ce moment, l'air s'éclaircit, le ciel se dégagea des nuages qui l'avaient couvert, le soleil parut. C'était, on eût pu le dire, le soleil de Cadix et de Fontenoy qui venait saluer le fils et le père des vainqueurs! Bientôt les premiers escadrons parurent : d'autres escadrons les suivaient; les uns vieux débris, les autres nouvel espoir des batailles. Après eux marchaient les officiers des Princes, puis ceux du Roi, puis le Roi lui-même, entouré des Princes de sa famille, précédé de ses écuyers, de ses pages, des grands-officiers de sa couronne; et, sous les glaces des portières, sous la moire des rideaux, sous l'or de sa magnifique voiture, attirant à lui seul plus de regards que cet or, ces peintures, ces ornemens où l'art avait épuisé ses efforts, et la richesse son éclat. Derrière lui, s'avançaient d'autres régimens de la garde, des soldats qui avaient vaincu aux plaines d'Espagne, des officiers qui avaient conduit la fortune aux champs d'Allemagne et d'Italie : toutes les gloires étaient là comme tous les souvenirs. Les uns avaient vu leurs ancêtres disputer la couronne de Naples; les autres rattachaient leur famille à celle des rois d'Angleterre; ceux-ci avaient parcouru l'Égypte en vainqueurs; ceux-là se rappelaient qu'à l'entrée de Charles VII, leur père portait aussi l'épée haute devant le Roi; ici, un nom prononcé attestait la gloire française au nord de l'Amérique et sur les rivages de Rhodes; plus loin, un autre nom rappelait la Bretagne et ses souverains; devant eux, c'était un homme à qui se rattachaient toutes les illustrations de la Provence; près de lui, les descendans des chevaliers croisés en Syrie ou des anciens seigneurs de l'Auvergne se montraient à côté des fils de celui qui mit Paris dans les mains d'Henri IV, à côté des guerriers fidèles qui repoussèrent la révolte aux jours de malheur. Là étaient cette garde royale et ces régimens qui délivrèrent un Roi pour accomplir leur serment envers un autre; là, cette compagnie écossaise qui, la première, suivit Charles VII dans ses revers et parut avec lui dans les murs de Reims, noble garde digne de son noble capitaine, et qui n'a voulu conserver de ses priviléges que celui d'accompagner le Roi au jour du sacre et des funérailles; de ses droits, que celui de marcher la première aux jours du combat. Ils avançaient cependant, et de temps en temps la marche des troupes était arrêtée par le passage des jeunes filles, les sons de la musique interrompus par des cris d'allégresse. Les maires portant l'écusson des communes se mêlaient aux soldats, et rapprochaient leurs écharpes blanches, leurs écussons couronnés de lys, de ces guidons blancs, de ces étendards aux couleurs royales. Le soleil, qui faisait étinceler les cuirasses des guerriers, faisait briller l'or des drapeaux des communes. Les chevaux, couverts d'or ou de fer, s'arrêtaient devant les jeunes filles; les branches d'arbres, les touffes de lys s'élevaient à côté des épées. Ce n'était point un cortége, une cérémonie; c'était un peuple entier suivant son Roi au pied des autels, marchant avec lui, prêt à prier pour lui; c'était la vieille France retrouvant et bénissant le fils de ses vieux Rois! Enfin, la marche s'arrêta. Les cloches, muettes un instant, sonnèrent de nouveau; un cri général se fit entendre; et, sur le haut des tours qui dominent l'Église, les deux flammes qui tombaient au long du fer doré destiné à les soutenir, s'enflant au soufle d'un vent favorable, se relevèrent, montèrent et s'élançèrent vers le ciel, en déployant leur éclatante blancheur. C'était l'instant où le Roi entrait sous le portique de la cathédrale. Fils des Rois très chrétiens, cette maison est la sienne, car c'est la maison du Dieu qui protégea ses pères; Héritier des Rois, le jour de demain sera tout à la France, car il y a cinquante ans qu'il lui fut promis.

LA VEILLE DES ARMES.

Le soir était venu, la ville était livrée au tumulte des fêtes; de longues lignes de feu dessinaient les monumens, de joyeuses acclamations se faisaient entendre; et, parmi ces élans de joie, ces flots de lumière, ces édifices éclatans, un temple s'élevait paisible, respecté, entouré d'un religieux silence, éclairé seulement des rayons de la lune qui se jouait au travers de ses tours évidées, ou détachait à grandes ombres les pyramides de ses frontons et les arcades de son portail. Ce temple était celui où se conservent les souvenirs de saint Remi et les traditions d'Hincmar, celui où le Roi était attendu. Le silence qui l'entourait au-dehors le remplissait au-dedans. Un trône, un autel, voilà tout ce que les yeux y distinguaient d'abord; à genoux sur ce trône où il ne trouverait que des devoirs, debout près de l'autel où l'onction sainte lui assurerait l'appui du Très-Haut, le Monarque appelé à tant d'anxiétés, de travaux et de combats, n'avait plus qu'un moment pour implorer de Dieu la force nécessaire. Dévoué à cette périlleuse grandeur, les restes de sa liberté lui étaient comptés; le peuple, la France, le Seigneur lui-même l'attendaient au lever du jour, et cette nuit était la dernière où il pût s'appartenir encore. Tout se préparait cependant; un trône d'azur et d'or était dressé au milieu de la nef principale; tout était sombre dans ce lieu saint, tout était silencieux. Au-dehors, les rayons incertains de la lune animaient faiblement les magnifiques vitraux du portail et du chevet de l'église; au-dedans, quelques lampes placées au hasard jetaient dans cette longue solitude une lumière sans force et sans étendue. Un cierge brûlait près de l'autel, deux sur les degrés qui montaient au trône, un autre s'apercevait dans le lointain au travers de l'arcade surbaissée qui offrait au-dessous du jubé un imposant et singulier passage. A les voir de si loin, à contempler ces feux perdus parmi les ténèbres, on eût dit les flambeaux jetés dans la tombe du dernier Roi, que l'on aurait retirés brûlans encore pour attendre l'arrivée d'un autre Prince et les présages d'un autre règne. Et, plus loin, le trône s'élevait au milieu de cette obscurité profonde, comme pour offrir la gloire et la puissance humaine en jugement aux regards de Dieu; car il était partout ce Dieu très haut. L'obscurité, la lumière, le bruit, le silence, tout l'attestait également; le cœur, rempli d'une religieuse horreur, le sentait sans cesse. Les lampes paraissaient sans clarté; les voix éloignées qui par moment se faisaient entendre, se perdaient aussitôt dans le vague de l'air et de la nuit; et celui qui égarait ses pas sous ces voûtes consacrées n'y trouvait plus, la veille du sacre d'un Roi, rien qui rappelât les grandeurs de la terre. Le Dieu de Clovis et de Charlemagne, de Saint-Louis et de Charles VII, le Dieu de Louis-le-Grand et de Louis-le-Martyr, avait repris possession de son temple. Il était sur cet autel, il était dans l'immensité de ces voûtes; le vent qui soufflait apportait sa parole, le silence de ces lieux annonçait que la terre se taisait devant lui. Quatorze siècles de piété, soixante règnes de gloire, comparaissaient en témoignage de ses bienfaits, et le Roi qui allait accepter ce peuple, et le peuple qui allait se confier à ce Roi, faibles et involontaires instrumens de ses desseins, accomplissaient, dans les jours de fête, la même destinée qu'ils avaient commencée dans les jours de misère. Aux murs de cette église étaient appendues les représentations de toutes les villes du royaume ; aux chapiteaux des colonnes se balançaient des trophées d'armes et d'étendards ; dans les frises étaient rangés les portraits des Pères de l'Église française ; sur le cintre des arcades étaient assises les figures des Rois ; mais ces Rois, ces évêques, ces villes, ces étendards, qu'étaient-ils devant le Seigneur, et qu'avaient-ils fait sans lui ? Les évêques avaient-ils empêché la religion de souffrir en ses nombreux combats ? Les villes avaient-elles gardé une foi inviolable ? Les étendards n'avaient-ils jamais roulé dans la poussière, et les Rois jamais connu le malheur ? Le Dieu qui avait retiré la France des débris de l'empire des Césars, lui avait, par avance, compté ses infortunes et sa gloire. Il avait ordonné Bovines et Poitiers, Fornoue et Pavie ; il avait appelé Henri IV après les enfans de Médicis; il avait créé le grand Louis XIV et dressé l'échafaud de son fils; et, lorsque le temps de nos révolutions eut satisfait ses volontés éternelles, il dit à l'homme prodigieux que les révolutions avaient enfanté : Sors de ce palais, et va mourir au milieu des mers. Il dit au trône : Relève-toi pour les races antiques. Il dit aux fils des Rois : Sortez de l'exil et remontez au trône. Les Hommes, les Rois, la Mort obéirent. Le trône se releva, les Princes furent rendus aux peuples en signe de nouvelle alliance, l'huile sainte recommença de couler pour eux. Priez dans votre solitude d'une nuit, Roi, marqué, comme autrefois David, au jour de votre naissance; priez, et pour vous-même, et pour le sage vieillard qui vous a précédé sur le trône. Le serment que vous allez faire est sacré comme celui des guerriers; demain vous recevrez et la cotte d'armes et le heaume et la bannière et l'épée du royaume. C'est ici que Saint-Louis prononça son serment; ici que Philippe-Auguste prit la couronne; ici que Jeanne d'Arc rapporta l'étendard des Lys. Cette nuit est la veille des armes; demain vous serez armé chevalier, vous serez le chevalier de la France. Roi chevalier, je vous salue! Du haut de ces voûtes, vos aïeux vous contemplent, du sein de cet autel, le Très-Haut vous appelle. Descendez! l'airain mugit et le canon gronde, ce n'est plus même le temps de la prière. Le jour naît, voici Dieu qui parle : Vous êtes Roi.

LE SACRE.

Elle a retenti la parole de Dieu, les hommes l'ont entendue, le ciel la confirme. Un jour éclatant, un soleil sans nuages annoncent une de ces fêtes que le ciel accorde à la terre; d'ardens rayons font briller les vitraux de mille feux, se jouent au milieu des rosaces aux riches couleurs, ou s'élancent comme des flèches de flamme au travers des croisées du sanctuaire. Déjà les portes du temple sont ouvertes, déjà les magistrats et les guerriers ont pris leurs places, et mille femmes, embellies par leur blanche parure, se rangent dans les tribunes que leur présence enrichit encore. Les prêtres, les évêques s'avancent rangés sur deux files, le recueillement dans les yeux, le front incliné, les mains jointes, ce sont les pasteurs de toutes les grandes églises de France. Ils apportent les vœux des provinces éloignées, comme les magistrats et les guerriers ont apporté les souvenirs de tant de différentes gloires, et l'exemple de tant de vertus nouvelles. Après eux, les Députés paraissent, mandataires de l'obéissance légitime et de la prière respectueuse. Après les Députés marchent les Pairs; les uns, héritiers de si nobles aieux; les autres, qui seront de si nobles aieux un jour, représentans d'un pouvoir qui tomba devant la royauté, dépositaires d'un pouvoir que la royauté consentit à créer pour eux. Quand leur séance est prise, un hérault appelle, et, derrière l'arcade qui soutient le jubé, à l'extrémité du chœur, on aperçoit au loin des soldats, des gardes, les chefs des régimens de l'armée apportant en hâte leurs étendards qu'ils élèvent près des marches du trône, puis des gardes encore, puis deux femmes, deux princesses qui, fidèles à l'exemple de la mère du Sauveur, ont, à force de souffrir, obtenu le droit de pardonner; l'une pourrait chercher ici son époux, l'autre y retrouver la trace de son père. Voûtes de

Reims, soyez muettes! Souvenirs de Saint-Denis, taisez-vous! Ménagez un père, une fille, un frère, une épouse; que la pensée de la mort s'éloigne! C'est une vie royale qui commence, et l'avenir nous appartient encore tout entier.

Bientôt, couvert du manteau, le front ceint de la couronne, la main sur leurs épées, trois Princes ont paru. Ce manteau prouvait qu'ils appartiennent au sang des Rois; cette couronne était celle des anciens Pairs; ces épées, c'étaient celles du Trocadéro, de Rocroy, de Marsailles. Notre race royale est si féconde en grands hommes, que les victoires comptent à peine dans leur vie; mais leur gloire apparaît aux jours de fête, comme l'oriflamme aux jours du danger. Derrière ces Princes, les grands-officiers, le chancelier, le connétable, le grand-maître, marchaient en ordre, portant les insignes de leur charge; puis un silence respectueux succéda tout d'un coup au murmure qui remplissait l'église. Le Monarque, vêtu de sa robe de néophyte, s'avançait, la tête haute et le front serein. Cet autel ne l'effrayait pas, car il y apportait un cœur pur et digne de ses devoirs ; cette couronne qu'il allait recevoir, Dieu seul la lui avait rendue, et c'est à Dieu seul qu'il en faisait hommage. Il pouvait dire avec le psalmiste : « Ma maison « a espéré en vous, Seigneur, et vous avez été « son protecteur et son secours. » Il vint jusqu'au fond du chœur ; il s'assit entre les grands, les cardinaux et les prêtres ; et l'archevêque de Reims, agenouillé devant celui dont il annonce la parole, implora d'en-haut la protection céleste et les regards de Dieu. Alors commença la bénédiction des insignes royales ; l'épée, les gants, l'anneau, la main de justice, le sceptre, étaient déposés sur l'autel. Le ministre du Seigneur les prit au pied de la croix ; il donna au Prince l'épée, et il lui dit : « Qu'elle « vous serve à protéger et à vaincre » ; les gants, et il lui dit : « Soyez pur, et Dieu vous « bénira » ; l'anneau, et il lui dit : « Conservez « l'union dans l'état et dans l'église » ; le sceptre, et c'était pour qu'il conduisît les peuples dans le sentier de Dieu ; la main de justice, pour qu'il sût punir et pardonner. La couronne demeurait encore sur l'autel ; cette couronne qu'avait illustrée Charlemagne, qui avait touché le front de Philippe-Auguste dans sa jeunesse, de Saint-Louis dans son enfance, du grand Henri après ses victoires; cette couronne, où s'attachent les destinées de la patrie; cette couronne, au-dessus de laquelle il n'y a que Dieu, la mort et l'éternité. Cependant les onctions sacrées avaient eu lieu; l'huile, sanctifiée par le mélange du chrême de Clovis, avait, en sept endroits, marqué le Monarque du sceau de la rédemption céleste. Reconcilié avec le Seigneur, il éleva le front devant la croix; l'archevêque prit la couronne, il la présentait sur ce front royal. Aussitôt les Princes s'avancèrent, représentant les anciens Pairs qui représentaient la France; ils mirent la main à la couronne, comme pour rappeler au ministre des autels qu'après Dieu qui la donne et l'enlève, la France seule a droit de dispenser sa couronne antique. La cérémonie s'accomplit, et, le sceptre à la main, tenant l'épée de justice, levant sa tête radieuse sous la couronne de ses aïeux, précédé de la crosse des évêques, de l'épée de Charlemagne, de la croix du Seigneur, le Monarque marcha d'un pas ferme à son trône, qui est le trône de France : là, il s'assit Roi. Mille cris s'élevèrent; les instrumens, les voix firent monter au ciel les chants et les prières. Les portes de l'église s'ouvrirent; le peuple se précipita dans les nefs, dans les tribunes, dans les travées, dans le chœur; les grands, les magistrats, les femmes, proclamaient à l'envi leur joie. Le canon retentissait; les étendards s'abaissaient devant le trône; l'encens fumait. Les Princes, les grands-officiers s'inclinaient; le connétable agitait l'épée royale; l'archevêque bénit encore une fois son maître au nom de celui qui est le maître de tout, et les cris de *Vive le Roi!* répétés au loin hors de ces voûtes saintes, commencèrent le chant d'actions de grâces, que le Roi, les prêtres et le peuple adressaient au Seigneur.

Autour des nefs de la cathédrale étaient rangées, sur des caissons d'or, les images de trente souverains qui, tour-à-tour, ont obtenu dans cette même enceinte le droit de régner, dont ils rendent maintenant compte, les uns, appuyés sur leur épée; les autres, présentant les tables où l'on écrivit leur histoire; tous, la couronne au front et les épaules couvertes du manteau des solennités. En ce moment le soleil, traversant les croisées et les nefs supérieures, éclaira leurs majestueuses images ; les rosaces du portail s'animèrent de leurs plus vives couleurs; et, de l'autel où il s'apprêtait à de nouvelles prières, l'archevêque, portant ses regards vers le trône placé entre le portail et le sanctuaire, put voir le Roi environné d'une auréole de feu, et trente princes descendant sur des nuages d'or, comme pour être les parrains de sa royauté nouvelle. L'archevêque détourna les yeux de ce trône, de cette gloire humaine, de cette pompe éclatante et passagère comme l'éclat du jour, et, levant ses regards vers l'image de Dieu, il s'écria : « Je m'approche de « votre autel, Seigneur, parce que c'est vous « qui remplissez mon cœur. Gloire à vous ! « gloire à vous seul ! » Alors on entonna les prières de la messe journalière. Le Roi pria. Eh ! qui a plus besoin de prier qu'un Roi chargé de tant de destinées ! On lui présenta la paix ; il la baisa : puis, des hérauts s'avancèrent. Il fit un signe : les gardes, les grands officiers, le chancelier, le connétable, le grand-maître, précédèrent ses pas; il alla, descendant du trône, se prosterner à la table sainte, où il n'avait plus que la prière pour force et le pardon pour espérance; mais la puissance qu'il avait déposée aux marches de l'autel, le sceptre, la main de justice qu'il avait confiés à d'autres quand il fallait paraître devant Dieu, il les ressaisit lorsqu'en se retournant il n'eut plus devant lui que des hommes. Roi parmi ses sujets, il vint reprendre sa place au-dessus d'eux. De nouveau, les étendards s'inclinèrent en signe d'hommage; de nouveau, l'épée royale s'agita; les médailles d'argent et d'or furent jetées au peuple, et les hérauts crièrent : *Largesse.* Le cortége reprit sa marche, la foule s'élança dans les rues; le Roi, passant devant la maison habitée par le père de Jeanne d'Arc, rentra dans son palais, fier d'être Roi, heureux d'être aimé, plus jeune de dix années, et prêt à les consacrer à la France. L'église se vida insensiblement. Ceux qui l'avaient remplie couraient sur les pas de leur prince. Une heure après, tout y était calme et solitaire. Le soleil y brillait encore cependant; les vitraux avaient encore leurs riches couleurs; l'autel, ses vases d'or; les Rois, leurs images; mais ces images n'avaient plus de mouvement, ce soleil n'éclairait plus que des voûtes parsemées de lys ou des ogives revêtues d'azur; Dieu seul était resté parmi son temple, et la pensée ne l'y cherchait plus; comme si ces nefs sans peuple et ce trône sans Roi eussent empêché de s'élever jusqu'à lui. Au-dedans, il n'y avait plus de chants ni de prières; au-dehors, toutes les voix répétaient encore : *Vive le Roi!*

www.ingramcontent.com/pod-product-compliance
Lightning Source LLC
LaVergne TN
LVHW020449230826
846091LV00004B/1610

* 9 7 8 2 0 1 6 1 1 2 7 5 5 *